Pe. FERDINANDO MANCILIO, C.Ss.R.

NOVENA PELO BEBÊ QUE VAI CHEGAR

Para o casal rezar junto

SANTUÁRIO

DIREÇÃO EDITORIAL: Marcelo C. Araújo
COORDENAÇÃO EDITORIAL: Ana Lúcia de Castro Leite
COPIDESQUE: Leila Cristina Dinis Fernandes
REVISÃO: Paola Goussain de S. Macahiba
DIAGRAMAÇÃO E CAPA: Bruno Olivoto

IMPRIMA-SE
Por comissão do Arcebispo Metropolitano de Aparecida, Dom Raymundo Cardeal Damasceno Assis
Pe. Carlos da Silva, C.Ss.R.
Aparecida, 27 de julho de 2011

ISBN 978-85-369-0111-4

28ª impressão

1ª impressão, 2007

Todos os direitos reservados à **EDITORA SANTUÁRIO** – 2024

Rua Pe. Claro Monteiro, 342 – 12570-045 – Aparecida-SP
Tel.: 12 3104-2000 – Televendas: 0800 0 16 00 04
www.editorasantuario.com.br
vendas@editorasantuario.com.br

Sumário

Apresentação 5

Primeiro dia
O dom da maternidade 9

Segundo dia
O dom da paternidade 19

Terceiro dia
Criança: sonho de Deus 27

Quarto dia
Cristo: a criança do presépio 37

Quinto dia
Cristo: modelo de vida 47

Sexto dia
A sacralidade da vida 57

Sétimo dia
Misericórdia e fragilidade humana 67

Oitavo dia
Vida: dom de Deus.. 77

Nono dia
Bem-vindo(a) à vida!... 87

Orações 97

APRESENTAÇÃO

A vinda de uma vida nova é o grande motivo desta novena. Ela é sinal do amor de Deus e também demonstração de que Ele continua confiando em nossa humanidade. Vivemos num momento histórico de nosso mundo em que a vida, em sua sublimidade e sacralidade, muitas vezes é tratada como algo relativo, ou até mesmo objeto descartável, e em que, em nome da liberdade de pesquisa ou de opinião, ela é a única que não se pode manifestar. Quando Jesus foi condenado, foi como "uma ovelha conduzida ao matadouro". Assim é em muitas situações a consideração para com a vida em nossos dias. Quando falamos de ameaça à vida, nós nos reportamos às decisões políticas e sociais, científicas ou pessoais, que não lhe dão o direito de se defender. A vida, indefesa, é ameaçada de muitas formas e modos. Quem toma a posição de sua defesa, muitas vezes, é incompreendido e até mesmo desconsiderado. O orgulho intelectual pode também matar a vida.

Olhando para nós, como pessoas que acreditam no Evangelho, esta novena vem propor que, a partir da fé, a vida seja amada e respeitada. E ela começa quando o casal se dispõe a trilhar esse caminho de fé. Por isso ela foi elaborada para que o casal reze junto, e, assim, além de se manter unido e forte, pois a oração só une, jamais desune, a vida nova seja também amada, respeitada e preparada para sua chegada. Contando com a graça de Deus, certamente o casal poderá experimentar algo sublime em sua vida.

Esta novena deseja exaltar a vida como grande dom de Deus para a humanidade, e especialmente para o casal, que compartilha da criação divina. Por isso os dois devem rezar juntos, naquela hora mais favorável e conveniente. Pode ser feita duas ou três vezes durante o período da gravidez. Cada dia da novena é curto e de pouco tempo, mas com intensidade o casal poderá entrar na intimidade com Deus, numa ação de graças constante. Embora não estejam explicitados, ela traz gestos significativos para os três. Pode-se colocar uma imagem de Maria, de José e de Jesus, a Sagrada Família, como sinal permanente e presente do amor de Deus. Uma vela acesa é outro sinal importante para nos recordar a presença de Cristo ressuscitado, luz do mundo.

Tudo seja feito com muita fé; sem dúvida, Deus não deixará de manifestar seu imenso amor, bondade e misericórdia.

PRIMEIRO DIA
O DOM DA MATERNIDADE

> *Ser mãe é dom dado por Deus, presente dele, e isso não foi invenção humana. A vida é mistério de amor, e o Pai reparte esse amor com a mulher, que gera em seu seio uma vida bendita. Dom não se compra nem se vende: ele é presente de Deus! Agradeça isso a Deus, suba até Ele sua prece de gratidão. Só um Deus que ama assim pode pensar em nós!*

— Em nome do Pai, do Filho e do Espírito Santo.

Esposo: Senhor nosso Deus, nós nos colocamos diante de vós, neste instante, para vos manifestar nosso amor. Vós nos amais tanto e, por vosso amor, repartis a vida com os homens e as mulheres.

Esposa: Ó Deus, vossa glória está presente na vida de cada pessoa humana. Vossa glória é o amor dos homens e das mulheres para convosco. Vossa glória é a vida sendo amada e respeitada.

Esposo e Esposa: Ó Deus, como é grande vosso amor, sem-fim, sem medida, e nos guardais como a pupila dos olhos!

Esposo: Contemplamos, Senhor, nossa vida conjugal e nossa vida de família e quanto amor vós nos manifestais todos os dias. Minha esposa traz em seu seio o dom da vida criada por vós e repartida conosco. Obrigado, meu Deus e meu Senhor, pela vida no seio de minha esposa, fruto de nosso amor, bênção de vossa bondade.

Esposa: Eu quero, Senhor, agradecer-vos de todo o coração o dom da maternidade. Aceito de todo o coração as incomodidades de minha gravidez, mas vos quero louvar por este dom precioso, que vós colocastes em meu ser.

Esposo e Esposa: Obrigado, Senhor, pela vida presente, dom de vosso amor! Que de nossos lábios de esposos e da criança, que aguardamos com alegria, subam até vós nosso louvor, nosso amor e nossa gratidão!

Palavra de Deus

Evangelho de Lucas 1,26.30-33.38

Naquele tempo, o anjo Gabriel foi enviado por Deus a uma cidade da Galileia, chamada Nazaré, a uma virgem desposada com um varão chamado José, da casa de Davi; e o nome da virgem era

Maria. O anjo acrescentou: "Não tenhas medo, Maria! Encontraste graça junto de Deus. Eis que conceberás e darás à luz um filho, e o chamarás com o nome de Jesus. Ele será grande, será chamado Filho do Altíssimo e o Senhor Deus lhe dará o trono de Davi, seu pai; ele reinará na casa de Jacó para sempre e seu reinado não terá fim". Disse, então, Maria: "Eu sou a serva do Senhor; faça-se em mim segundo tua palavra!"

— Palavra da Salvação!

— **Glória a vós, Senhor!**

(O casal fica um instante em silêncio e contempla a Palavra de Deus. Pode também ficar abraçado, em silêncio, um contemplando o outro e meditando na Palavra do Senhor.)

Louvando o Deus da Vida

Esposo: Nós, Senhor, eu e minha esposa, vos louvamos porque vós estais presente em nossa vida matrimonial. Acolhemos, com alegria, a vida que está presente e já é sentida e amada por nós.

Se ela, a vida, está presente, é sinal de que vós estais também presente em nós, pois vós sois a vida.

Esposo e Esposa: Obrigado, Senhor, por vosso amor para conosco!

Esposa: Ó Senhor, como vossa filha, eu vos agradeço o dom da maternidade. Fostes vós quem me destes essa capacidade de engravidar; quero respeitar e amar esse dom e jamais feri-lo com atitudes que não são de vosso agrado.

Esposo e Esposa: Obrigado, Senhor, pelo dom da maternidade!

Esposo: Ó Deus, contemplamos vossa face no rosto de cada criança que vem a este mundo. Nós nos entristecemos por aquelas que são desprezadas. Vivem abandonadas. Que nosso lar, Senhor, seja acolhedor da criança que vem e daquelas que sofrem o abandono e o desprezo.

Esposo e Esposa: Senhor, queremos contemplar vossa face no rosto de cada criança!

Esposa: Como mulher, esposa e mãe, eu vos quero bendizer, Senhor, meu Deus, como os lábios da criança inocente que a mãe amamenta, porque sei que, ao contemplar esta criança que vem e está em meu seio, contemplo vossa bondade para comigo. Que eu tenha sempre a força para vos amar e vos louvar.

Esposo e Esposa: Nossos lábios e de todos os pequeninos, queremos agora vos louvar, ó Deus da vida!

— **Pai nosso,** que estais no céu, santificado...

— **Ave, Maria,** cheia de graça, o Senhor é convosco...

— **Santo Anjo do Senhor,** meu zeloso guardador, já que a ti me confiou a piedade divina, sempre me rege, guarda, governa e ilumina. Amém!

BÊNÇÃO CONJUGAL

Esposo: *(coloca a mão sobre a cabeça da esposa e reza)* Minha esposa, que Deus a abençoe com seu amor e sua misericórdia. Que Ele lhe dê muita paz e saúde. Guarde e proteja em seu seio nossa criança, que irá chegar! Amém!

Esposa: *(coloca a mão sobre a cabeça do esposo e reza)* Meu esposo, que Deus inspire sempre sua vida e suas atitudes de pai e de esposo. Que o Senhor o guarde em seu amor, inspire suas palavras e abençoe seu trabalho, que nos sustenta! Amém!

Esposo e Esposa: Que o Senhor nosso Deus nos faça cada vez mais unidos, fiéis e parceiros verdadeiros um do outro! Amém!

Criação que se faz nova

Conversei com uma mãe de muitos filhos ao seu redor. Seu coração se repartia na mesma quantidade e intensidade. Conheci sua história: "Todos são meus, mas nem todos são meus". "Mas como? Pode explicar?" "É possível além dos da gente amaros de outros, que não tiveram amor." Criar os seus e criar os dos outros. Coração de mãe – mulher – é assim: abre-se mais e mais. De seus lábios pendia sempre o sorriso. Dificuldades? "Ah! Isso não se conta." Os filhos todos estão apinhados no seu coração. O coração de Deus é igual a esse coração de mãe. É assim: vivemos apinhados no seu coração. É seu amor-criador. "No princípio Deus criou o céu e a terra" e também a todos nós. Ninguém escapa de seu amor, nem a pequenina flor, nem o planeta mais distante, nem o átomo, nem a célula. A criação é sempre nova porque é sempre plena de amor. A mãe de muitos filhos é a expressão viva do tanto que Deus nos ama. Tudo é de Deus, fruto de seu amor. Mas só compreende isso quem se desvencilha de seu egoísmo.

SEGUNDO DIA
O DOM DA PATERNIDADE

> *É nobre a missão de um pai. É sublime sua vocação, pois participa na obra criadora de Deus. Assim como Deus é Pai e nos criou por amor, o pai, na educação dos filhos para Deus e para a vida, cumpre com dignidade sua missão. Não se trata somente de sustentar os filhos, mas de educá-los para uma vivência sadia com Deus e com as pessoas.*

— Em nome do Pai, do Filho e do Espírito Santo.

Esposo: Senhor nosso Deus, neste segundo dia de nossa novena, agradecendo o dom da vida do qual nos fizestes capazes de acolhê-lo, venho pedir-vos vossa força, vossa bênção e proteção.

Esposa: Ó Deus, vós que dispusestes os dias e os anos, o céu e a terra, os campos, as flores e as matas, fazei-nos compreensíveis da missão que nos confiastes como marido e mulher.

Esposo e Esposa: Fortalecei, Senhor, nossa fé e nossa compreensão na missão que vós a nós confiastes.

Esposo: Deus de bondade, fico pensando na nobre missão da paternidade. Fico preocupado em não conseguir realizar tudo o que vós de mim esperais. Preciso de vossa graça e de vossa misericórdia.

Esposa: Ó Deus, confio em vosso amor e sei que meu esposo terá a força e a inspiração necessárias para levar adiante sua missão de pai e de esposo.

Esposo e Esposa: Confirmai-nos, Senhor, em nosso amor de um para com o outro e para convosco, que sois a vida e o amor eternos. Ajudai-nos, pois sem vós nada somos.

Palavra de Deus

Evangelho de Mateus 1,18-21.24-25

A origem de Jesus Cristo foi assim: Maria, sua mãe, comprometida em casamento com José, antes que coabitassem, achou-se grávida pelo Espírito Santo. José, seu esposo, sendo justo e não querendo difamá-la, resolveu repudiá-la em segredo. Enquanto assim decidia, eis que o Anjo do Senhor manifestou-se a ele em sonho, dizendo: "José, filho de Davi, não temas receber Maria, tua mulher, pois o que nela foi gerado, vem do Espírito Santo. Ela dará à luz um filho è tu o chamarás de Jesus, pois ele salvará seu povo de seus pecados". José, ao despertar do sono, agiu conforme o Anjo do Senhor lhe ordenara e recebeu em casa sua mulher. Mas não a conheceu até o dia em que ela deu à luz um filho. E ele o chamou de Jesus.

— Palavra da Salvação!
— **Glória a vós, Senhor!**

(O casal fica um instante em silêncio e contempla a Palavra de Deus. Pode também ficar abraçado, em silêncio, um contemplando o outro e meditando na Palavra do Senhor.)

Louvando o Deus da Vida

Esposo: Senhor, sois a luz de nossa vida. Protegeis vossos filhos, como eu e minha esposa, por que teremos medo? Nada nos amedronta nem tira nossa paz, porque confiamos em vós, que sois nosso Deus e nosso Senhor.

Esposo e Esposa: Nada nos amedronta, Senhor, nem tira nossa paz, porque confiamos em vós!

Esposa: A vós, Senhor, só vos quero pedir uma coisa: Estar sempre muito junto de vós durante toda a minha vida, mas principalmente agora em minha gravidez, para que tudo corra bem e seja conforme vós desejais, Senhor nosso Deus e nosso Pai.

Esposo e Esposa: Senhor, fazei-nos unir-nos ainda mais, e ficar cada vez mais perto de vós, e na alegria estar em vossa presença, Senhor nosso Deus.

Esposo: Quero, Senhor, louvar-vos sempre: pela vida que minha esposa traz em seu seio, pelo trabalho que tenho, pelo lar que nos destes, e me alegrar cada vez mais, pois experimentamos a cada dia vossa presença misericordiosa junto a nós.

Esposo e Esposa: Ó Deus, a cada dia experimentamos vossa ternura e vossa presença misericordiosa!

Esposa: Vós sois muito bom para conosco, Senhor. Fazei que vossa luz brilhe sempre em nossa vida, para que saibamos bem por onde andar. Brilhe vossa luz em nosso coração e no coração de quem trago em meu seio. Libertai-me, Senhor, de minhas inseguranças e de meus medos.

Esposo e Esposa: O Senhor está conosco. E quem está com Ele nada tem a temer, pois Ele é nossa força e nossa fortaleza! Amém!

— **Pai nosso,** que estais no céu, santificado...
— **Ave, Maria,** cheia de graça, o Senhor é...
— **Santo Anjo do Senhor,** meu zeloso guardador, já que a ti me confiou a piedade divina, sempre me rege, guarda, governa e ilumina. Amém!

BÊNÇÃO CONJUGAL

Esposo: *(coloca a mão sobre a cabeça da esposa e reza)* Minha esposa, Deus ama você e a criança que está sendo gerada em seu seio. O Senhor guarde e proteja você e nossa criança que vai chegar! Amém!

Esposa: *(coloca a mão sobre a cabeça do esposo e reza)* Meu esposo, Deus ilumine sempre você com a força do divino amor, e que Ele o ajude a compreender a bênção da vida que nos concede. Sejam fecundos seu trabalho e seu amor! Amém!

Esposo e Esposa: Que o Deus que tanto amamos nos proteja, nos guarde e nos faça viver na alegria e na paz! Em nome do Pai, do Filho e do Espírito Santo! Amém!

Pensamento de Deus, Pensamento do Homem

Deus nos embala em seu pensamento. Faz isso desde toda a eternidade. Não se cansa. Sobre seu colo sentimos o calor de seu amor e seu olhar de ternura misericordiosa. Em seu pensamento ele quer nos dispensar o amor como a uma criancinha. Ele sempre embala um novo ser. O pensamento e o amor de Deus são criativos. Ele conversa consigo mesmo sobre cada um de nós. Estamos continuamente presente em seu pensamento. Que bom seria se embalássemos em nossos pensamentos os pensamentos de Deus. Haveria tão grande inter-relação familiar. Nós no pensamento do Pai; o Pai em nossos pensamentos. Quem já fez e experimentou isso sabe o quanto vale e quanta paz foi obtida. Mas quase sempre estamos pensando somente em nós mesmos, nos bons negócios, nos projetos tão somente humanos. Por isso, compreendo quando a mãe embala seu filhinho ao colo, quando o pai estende a mão ao seu filho, quando alguém abraça o pobre como irmão. Que bom seria se embalássemos Deus em nossos pensamentos.

TERCEIRO DIA
CRIANÇA: SONHO DE DEUS

> *Já disseram que, quando nasce uma criança no mundo, é sinal de que Deus ainda confia e espera na humanidade. É bem verdade, pois, quando a vida é amada e respeitada, é o próprio Deus que está sendo amado e respeitado, porque a vida só pode vir dele e de mais ninguém.*

— Em nome do Pai, do Filho e do Espírito Santo.

Esposo: Senhor Deus, nós nos apresentamos diante de vós com toda a nossa fé. É tão bom parar um pouco e sentir vossa presença bem junto a nós. Sentimo-nos fortes e com mais vontade de viver. Sentimos a força de vosso amor que não nos abandona.

Esposa: Ó Deus, vossa ternura é manifestada na ternura feminina, que sabe tornar brando o que é violento, é como a rosa nas mãos de uma criança, todos voltam para ela seu olhar. Eu quero volver sempre meu olhar de mãe e de esposa para vós, meu Deus e Senhor.

Esposo e Esposa: Juntos, Senhor, construímos a vida e, contando com vossa graça e misericórdia, trilhamos o caminho do bem e da paz.

Esposo: Feliz o homem que não se alegra nem se sente satisfeito com a violência e a maldade. Feliz o esposo que sabe compreender sua missão e jamais usa de violência ou de agressões em sua família. Feliz é este homem.

Esposa: Feliz é a mulher que sabe compreender sua missão e sente-se feliz e realizada no cuidado do lar, feliz em seu trabalho, onde quer que seja. Feliz a mulher que pratica a justiça e a bondade e a todos respeita como se fosse sua própria pessoa. Feliz a mulher que ama.

Esposo e Esposa: Felizes são todos os que sabem que a vida é dom e que todo ser humano é dom de Deus, sonho divino de Deus, que ainda acredita em seus filhos e filhas. Feliz quem respeita a vida.

Palavra de Deus

Evangelho de Lucas 2,4-7.13-14

José subiu da cidade de Nazaré, na Galileia, para a Judeia, à cidade de Davi, chamada Belém, por ser da casa e da família de Davi, para se inscrever com Maria, sua mulher, que estava grávida. Enquanto lá estavam, completaram-se os dias para o parto, e ela deu à luz seu filho unigênito; envolveu-o com faixas e reclinou-o numa manjedoura, porque não havia um lugar para eles na hospedaria. E de repente juntou-se ao anjo uma multidão do exército celeste a louvar a Deus, dizendo: "Glória a Deus nas alturas, e paz na terra aos homens por ele amados".

— Palavra da Salvação!
— **Glória a vós, Senhor!**

(O casal fica um instante em silêncio e contempla a Palavra de Deus. Pode também ficar abraçado, em silêncio, um contemplando o outro e meditando na Palavra do Senhor.)

Louvando o Deus da Vida

Esposo: Quando meditamos sobre o nascimento de vosso Filho entre nós, ficamos pensando, Senhor: "O que fizemos nós para merecer tão grande dádiva?" E quando uma criança nasce no mundo, não é a perene manifestação de vosso amor para conosco?

Esposo e Esposa: Fazei-nos compreender sempre, Senhor, que a vida de uma criança é vosso sonho, é dádiva de amor para todos nós!

Esposa: Senhor, a vida que trago em meu seio me faz vos dizer obrigada de todo o coração, todos os dias. São muitas minhas preocupações e as dificuldades que me acompanham nesta gravidez, mas sei que é muito maior vosso amor e vossa presença junto a mim. Eu confio em vós.

Esposo e Esposa: Nós confiamos em vós, Senhor, pois são provas de vosso amor a vida e a união que nos destes e a criança, que esperamos com alegria.

Esposo: O animal sedento busca sem cessar a fonte para matar sua sede. Suspira pelas águas correntes. Assim somos também nós, Senhor: nossa existência suspira por vossa presença, pois sois a fonte eterna de vida, de amor, de ternura e de compaixão.

Esposo e Esposa: Nós esperamos em vós, Senhor, pois só em vós matamos nossa sede de paz e de vida. Junto a vós, a felicidade não tem limites nem fim.

Esposa: Durante o dia, Senhor, são muitos meus afazeres. Mas quero servir a vós quando coloco o alimento à mesa para minha família, e lavai com vossa misericórdia todos os meus pecados, quando lavo o chão de minha casa.

Esposo e Esposa: Ó nosso Deus, ajudai-nos a realizar vosso sonho, a manifestar a harmonia de vosso amor, aguardando o nascimento desta criança e conservando a união e o diálogo entre nós! Amém!

— **Pai nosso,** que estais no céu, santificado...
— **Ave, Maria,** cheia de graça, o Senhor é convosco...
— **Santo Anjo do Senhor,** meu zeloso guardador, já que a ti me confiou a piedade divina, sempre me rege, guarda, governa e ilumina. Amém!

BÊNÇÃO CONJUGAL

Esposo: *(coloca a mão sobre a cabeça da esposa e reza)* Minha esposa, Deus está com você e com esta criança que está chegando, silenciosa e bela, como a brisa da manhã. O Senhor a proteja e lhe dê saúde e paz, conforto e esperança.

Esposa: *(coloca a mão sobre a cabeça do esposo e reza)* Meu esposo, o Senhor seja sempre sua força, seja seu companheiro inseparável no trabalho, em suas preocupações e quando estamos juntos repartindo a vida.

Esposo e Esposa: O Senhor seja nossa força, nossa alegria e nossa paz, hoje e sempre! Amém!

A vida outra vez vitoriosa

Estamos conscientes de nossa missão no mundo? "Uma criança nasceu bonita, quase três quilos, robusta. A mãe deu à luz sozinha. De manhã colocou a criança junto com o lixo na calçada. A criança, já dentro do caminhão, quase a ser prensada, foi salva quando o lixeiro ouviu o seu choro. A mãe disse que ficou com medo dos pais, porque era solteira" (fato verídico). Essa moça merece respeito por ter gerado essa criança durante nove meses. Porém, não foi feliz com esse mau intento. Mas onde está o pai da criança? Ele não apareceu! Covardia! Parabéns ao lixeiro, que salvou uma criança e uma vida, parabéns à mãe, que levou até o fim essa gestação, mesmo com medo. Parabéns àqueles que darão condição para essa criança viver. Mais uma vez a vida triunfou. "Eu vim para que todos tenham vida" (Jo 10,10). Nossa missão de cristãos é estar ao lado e em defesa da vida.

QUARTO DIA
CRISTO: A CRIANÇA DO PRESÉPIO

> Bendito aquele presépio onde se pôde acolher e contemplar aquela criança frágil, recém-nascida. Benditos José e Maria que puderam alegrar-se com o amor que se fez criança. Quando os adultos e os sábios fecham as portas, os simples e os humildes se encantam e rezam o grande Amém do Deus que fez a mim e a você também. Encante-nos o presépio e cante nosso coração cheio de gratidão.

— Em nome do Pai, do Filho e do Espírito Santo.

Esposo: Senhor nosso Deus, enquanto me é possível, quero preparar bem nosso lar, nossa casa, para a chegada da criança que esperamos. Arrumar coisas materiais para lhe dar o conforto desta vida. Mas, Senhor, que ela encontre arrumado nosso coração, que acolhe e que se alegra com sua vinda.

Esposa: Quero, meu Deus, que meu seio seja como o presépio que acolheu o Menino Deus. Seja repleto de simplicidade e de vida. Eu contemplo esta vida que está dentro de mim e que veio de vós. Eu vos agradeço, meu Deus, porque me confiastes tão nobre missão.

Esposo e Esposa: Nós vos agradecemos, Senhor! Não queremos nos cansar de vos dizer obrigado, porque vosso amor não se cansa nem nos cansa.

Esposo: Deus meu Pai, quero que meu coração se dobre cada vez mais diante de vós. Às vezes, ele é muito duro, e, mesmo estando convencido, não quer se dobrar, pensando ser humilhação. Quero, Senhor, um coração brando e simples, como é vosso divino coração.

Esposa: Senhor, sou vossa filha e quero ter a alma de Maria, Mãe de Jesus. Ela que ergueu a voz para dizer que eram benditos os pobres vossos amigos e sem-fim vosso amor. Cante minha alma a beleza da vida, do amor e da esperança. Contemple no presépio a fonte de vida e de redenção.

Esposo e Esposa: Contemple nossa alma a misericórdia de Deus, que nos faz viver e nos faz compreender e respeitar tudo o que nasce das mãos do Criador! Amém!

PALAVRA DE DEUS

Evangelho de Lucas 2,15-20

Naquele tempo, quando os anjos os deixaram em direção ao céu, os pastores disseram entre si: "Vamos já para Belém, e vejamos o que aconteceu, o que o Senhor nos deu a conhecer". Foram então às pressas e encontraram Maria, José e o recém-nascido deitado numa manjedoura. Vendo-o, contaram o que lhes fora dito a respeito do menino; e todos os que os ouviam ficavam maravilhados com as palavras dos pastores. Maria, contudo, conservava cuidadosamente todos esses acontecimentos e os meditava em seu coração. E os pastores voltaram glorificando e louvando a Deus por tudo o que tinham visto e ouvido, conforme lhes fora dito.

— Palavra da Salvação!

— Glória a vós, Senhor!

(O casal fica um instante em silêncio e contempla a Palavra de Deus. Pode também ficar abraçado, em silêncio, um contemplando o outro e meditando na Palavra do Senhor.)

Louvando o Deus da Vida

Esposo: Meu Deus, meu coração bate forte quando penso em vós, porque sei que vós tirastes toda a humilhação humana, mostrando-nos o quanto vós nos amais em vosso Filho Jesus. Coloco em vós minha esperança de ser amanhã melhor do que fui hoje.

Esposo e Esposa: Nossa esperança é ver em nosso lar vossa esperança e vosso amor triunfarem, ó nosso Deus e nosso Pai.

Esposa: Eu quero vos louvar, Senhor, em todas as mulheres da Terra. Quero vos bendizer em Maria, vossa filha escolhida, bendita, querida. Quero ver a dignidade humana, principalmente a da mulher, ser considerada e respeitada, e jamais ser objeto de lucro e de prazer.

Esposo e Esposa: Nós queremos, Senhor, que façais morada em nosso lar. Nosso lugar é vosso também, como é vossa a vida que nos destes e da criança que nascerá em nossa família.

Esposo: Ó Deus, mostrai-me vossos caminhos e iluminai meus pensamentos, para que cada vez mais eu assuma com fé minha missão de homem, de pai e de esposo.

Esposo e Esposa: Nós vos louvamos, nosso Deus e Senhor, porque a cada manhã nos fazeis sentir vossa presença.

Esposa: Meu querido Deus, quem pode viver sem vossa bondade e vossa ternura? Aliviai todas as minhas angústias e fazei-me viver a verdade de vossos caminhos.

Esposo e Esposa: Nosso querido Deus, vossa ternura e vossa compaixão são eternas, como é eterna a vida da criança que vai nascer em nossa família.

— **Pai nosso,** que estais no céu, santificado...

— **Ave, Maria,** cheia de graça, o Senhor é convosco...

— **Santo Anjo do Senhor,** meu zeloso guardador, já que a ti me confiou a piedade divina, sempre me rege, guarda, governa e ilumina. Amém!

Bênção conjugal

Esposo: *(coloca a mão sobre a cabeça da esposa e reza)* Minha esposa, nosso querido Deus quer que você seja muito feliz. Por isso, Ele derrama sua bênção e sua paz sobre você, para que seja forte, tenha saúde e confiança.

Esposa: *(coloca a mão sobre a cabeça do esposo e reza)* Meu esposo, nosso querido Deus há de aliviar seu coração de toda angústia e preocupação desnecessárias, para que você tenha paz e se alegre com nossa criança, que feliz viverá junto de nossa família.

Esposo e Esposa: Ó Deus, derramai sobre nossas vidas e sobre toda a nossa família vossa bênção, que nos conforta e nos anima a viver em vós! Em nome do Pai, do Filho e do Espírito Santo! Amém!

Ainda a vitória da vida

Voltamos àquela criança colocada no caminhão de lixo. Vi aquele lixeiro chorar. Sem hipocrisia e sem farisaísmo. Vinha de seu coração de pai. Dizia: "A gente vê assassinatos, mortes de todo jeito, mas isso..." Seu coração falava alto. O mundo precisa de muito coração. Podemos perder nesse mundo técnico e prático a sensibilidade, o humano, o sentimento, o coração. Estamos agitados demais e numa correria sem-fim. Se perdermos os sentimentos profundos, cairemos na superficialidade. Essa é uma queda muito desastrosa para todos nós. Esse lixeiro tem dentro de si sentimentos profundos. Na era dos computadores ele não viu uma imagem virtual. O computador não escuta o choro de uma criança. Que bom seria se os sentimentos profundos, os sentimentos do Evangelho fossem como o sol: cada manhã proclamando a ressurreição. "Eu te bendigo, Pai, porque revelaste essas coisas aos simples e humildes" (Lc 10,21).

QUINTO DIA
CRISTO: MODELO DE VIDA

> *Jesus, nascendo no meio de nós, trouxe-nos a salvação e tornou-se o modelo de vida para todos os seres humanos. Assumiu nossa condição humana inteira, menos o pecado, e veio ensinar-nos o jeito certo de viver a vida. Quem busca outros modelos não encontrará um modelo definido, acabado como o de Jesus. Ele se fez pessoa humana e se encarnou no meio de nós, e não há outro igual a Ele.*

— Em nome do Pai, do Filho e do Espírito Santo.

Esposo: Enviai, Senhor, sobre mim e minha esposa vosso Espírito Santo, para que sejamos sempre inspirados por vosso amor em nossas palavras, gestos e atitudes, e assim andemos em vossos caminhos.

Esposa: Enviai-nos, Senhor, vosso Espírito Santo, para que possamos permanecer sempre no amor e assim viver com alegria nossa vida, no testemunho e na doação, no respeito e no diálogo entre nós dois e nossa família.

Esposo e Esposa: Vinde, Espírito de Deus, e fazei morada em nossas vidas e também na vida desta criança, que está para chegar!

Esposo: Guiai, ó Deus, nossas vidas e as iluminai sempre com vossa luz bendita, luz da eternidade, carregada de esperança e de paz, de conforto e de salvação, para que jamais deixemos de vos amar em vosso Filho Jesus.

Esposa: Eu quero, Senhor, viver com dignidade minha missão de mãe e vos agradeço a vida que trago em meio seio. Desejo educar esta criança conforme os ensinamentos do Evangelho e, assim, ela o ame e o tenha como modelo de vida.

Esposo e Esposa: Ó Jesus, nós vos amamos de todo o coração e vos queremos ter como nosso modelo e guia nesta vida, e vos ofertamos também a vida desta criança, que vai chegar.

Palavra de Deus

Evangelho de Lucas 2,25-32

Havia em Jerusalém um homem chamado Simeão, que era justo e piedoso; ele esperava a consolação de Israel e o Espírito Santo estava nele. Fora-lhe revelado pelo Espírito Santo que não veria a morte antes de ver o Cristo do

Senhor. Movido pelo Espírito, veio ao Templo; e quando os pais trouxeram o menino Jesus, para cumprirem as prescrições da Lei a seu respeito, ele o tomou nos braços e bendisse a Deus, dizendo: "Agora, Soberano Senhor, podes despedir em paz teu servo, segundo tua palavra; porque meus olhos viram tua salvação, que preparaste em face de todos os povos, luz para iluminar as nações e glória de teu povo, Israel".

— Palavra da Salvação!
— **Glória a vós, Senhor!**

(O casal fica um instante em silêncio e contempla a Palavra de Deus. Pode também ficar abraçado, em silêncio, um contemplando o outro e meditando na Palavra do Senhor.)

Louvando o Deus da Vida

Esposo: Ó Cristo, nascido em Belém, volvei para mim e minha esposa vosso olhar misericordioso e dispersai a escuridão de nossas vidas, para que sejamos transparentes um para com o outro e assim construamos a vida dia por dia, inspirados em vós.

Esposo e Esposa: Ó Cristo, modelo de vida para nós, volvei sobre nós vosso olhar e nos protegei!

Esposa: Senhor Jesus Cristo, meu esposo e eu não queremos de modo algum pensar em maldades, nem prejudicar ninguém, muito menos ferir ou ameaçar a vida que trago dentro de mim e que é fruto de nosso amor.

Esposo e Esposa: Ó Cristo, vós, que vivestes no meio de nós, ensinai-nos a viver a vida com dignidade, amor e respeito.

Esposo: Ó Jesus, guardai-nos em vossa paz; seja nossa vida plena de fidelidade e assim sejamos conservados em vossa infinita bondade.

Esposo e Esposa: Ó Senhor, nosso Redentor, queremos ser cada vez mais fiéis a vós!

Esposa: Viva o Senhor, e bendito seja meu Rochedo! Nele nossa família pode alegrar-se, porque sua presença é paz, é luz, é vida. Louvado seja meu Deus e meu Salvador.

Esposo e Esposa: Glória seja ao Pai, ao Filho seu também, ao Espírito igualmente, agora e sempre. Amém!

— **Pai nosso,** que estais no céu, santificado...
— **Ave, Maria,** cheia de graça, o Senhor é convosco...
— **Santo Anjo do Senhor,** meu zeloso guardador, já que a ti me confiou a piedade divina, sempre me rege, guarda, governa e ilumina. Amém!

Bênção conjugal

Esposo: *(coloca a mão sobre a cabeça da esposa e reza)* Minha esposa, nosso querido Deus abençoe você e a criança que esperamos, que a proteja e a guarde, a ilumine e lhe dê a paz.

Esposa: *(coloca a mão sobre a cabeça do esposo e reza)* Meu esposo, nosso querido Deus ama você com terno amor e jamais o abandonará. Ele lhe inspira sempre seus gestos, suas palavras e atitudes.

Esposo e Esposa: Que vossa bênção, Senhor, venha sobre nós e fecunde nosso coração, com a caridade e com a paz, e nos anime a continuar unidos entre nós e a vós! Em nome do Pai, do Filho e do Espírito Santo! Amém!

Palavra bendita

Aquela mãe apanhou do chão sua criança que havia caído. Dirigiu-lhe muitas palavras, além de seu gesto de apanhá-la, trazê-la para junto do peito e acariciá-la. Palavras benditas e criadoras trouxeram para aquela criança o conforto e a vontade de recomeçar, apesar da dor. Não existe dor maior do que aquela gerada pela falta da palavra de amor, de afeto. A Palavra do Pai fez tudo existir, inclusive o amor e o afeto. Às vezes, confundimos afeto com interesse, com posse, com desejo. Acabamos sendo superficiais, se assim agimos. Nenhuma técnica vai realizar pessoa alguma, apenas facilitará muitas coisas na vida. A palavra bendita é a do amor, da acolhida, do afeto, do ajudar a reencontrar o caminho. Penso que faltam muitas palavras benditas. Muitos precisam de palavras benditas. Precisam da "mãe" que lhes diga muitas palavras, que lhes estenda a mão. Deus nos deu sua Palavra bendita por excelência, Ele nos estendeu sua mão. Chama-nos para a vida, levanta-nos e nos acolhe.

SEXTO DIA
A SACRALIDADE DA VIDA

> *Em nossos dias, evocando o direito e a liberdade, acontecem muitas ameaças à vida, desde a promulgação de leis, que pouco refletem o direito a ela, até à ameaça constituída da fome, do desemprego, das injustiças e de tantas outras formas de opressão à vida. O cristão consciente a reconhece como dom, e seu valor está acima de qualquer outro direito jurídico ou social. A vida é o direito a ser respeitado.*

— Em nome do Pai, do Filho e do Espírito Santo.

Esposo: Meu Deus, coloco-me diante de vós porque vos amo e quero respeitar acima de tudo a vida que me destes, a vida que está presente na criança, que está prestes a nascer. Meu Deus, eu vos quero amar mais e amar a vida como dom que nos destes, e reprovar as ameaças a ela.

Esposa: Meu Deus, eu também vos quero louvar por minha vida e pela vida desta criança, que trago dentro de mim. De minha parte, farei todo o esforço para que esta criança venha com saúde e em paz; que ela vos ame muito e vos tenha sempre em primeiro. Vou educá-la para vós.

Esposo e Esposa: Obrigado, nosso Deus, pela vida que veio de vós. Nós queremos continuar unidos e amar o dom bendito da vida, respeitando em todos os momentos sua sacralidade.

Esposo: Quero contemplar, Senhor, a vida presente na natureza, no mundo que criastes, mas acima de tudo a cada pessoa humana: a criança, o jovem, o idoso, o pobre, o simples, o humilde, e descobrir, por vossa graça, a presença do amor em cada um deles. Ajudai-me a realizar isso.

Esposa: Quero, meu Deus e Pai, cumprir minha missão de mãe com toda a dignidade, sem orgulho e sem vaidade, com simplicidade e dedicação, pois sei que a vida vale, não pela quantidade de coisas que faço, mas pela intensidade que eu as realizo. Ajudai-me, Deus da vida.

Esposo e Esposa: Ó Deus, queremos contemplar vossa presença de amor nas pessoas e em cada pessoa que encontrarmos nesta vida. Queremos contemplar vosso amor na criança que esperamos! Amém!

Palavra de Deus
Evangelho de Lucas 1,41-45

Quando Isabel ouviu a saudação de Maria, a criança lhe estremeceu no ventre, e Isabel ficou repleta do Espírito Santo. Com um grande grito, exclamou: "Bendita és tu entre as mulheres e bendito é o fruto de teu ventre! Donde me vem que a mãe de meu Senhor me visite? Pois quando tua saudação chegou a meus ouvidos, a criança estremeceu de alegria em meu ventre. Feliz a que acreditou, pois o que lhe foi dito da parte do Senhor será cumprido!"

— Palavra da Salvação!

— Glória a vós, Senhor!

(O casal fica um instante em silêncio e contempla a Palavra de Deus. Pode também ficar abraçado, em silêncio, um contemplando o outro e meditando na Palavra do Senhor.)

Louvando o Deus da Vida

Esposo: Quero cantar com minha vida vossa bondade, Senhor, e como o animal que está com sede e anseia pela fonte de água, meu coração também suspira por vós, pois reconheço a imensidão de vosso amor e de vossa misericórdia.

Esposo e Esposa: Sim, Senhor, reconhecemos a imensidão de vosso amor e de vossa misericórdia sem-fim para com todos os viventes, para conosco, que agora rezamos e confiamos em vós.

Esposa: Quero louvar-vos com gratidão e ternura, Senhor meu Deus, pois minha alma sem cessar tem sede de vós. E eu sei que ela só encontrará descanso em vós. Bendito sejais, Senhor, Deus da vida, de nossos sonhos e de nossa paz.

Esposo e Esposa: Ajudai-nos, ó Deus, a realizar nossos sonhos; seja nossa casa um lugar onde vós morais e vós sejais contado entre os membros de nossa família.

Esposo: Somos peregrinos nesta terra, e vós nos apontais o destino aonde devemos chegar. Não queremos, Senhor, traçar nosso destino sozinhos, pois só os que estão longe de vós pensam fazer grandes coisas sem contar convosco. Sede nosso amigo e companheiro de viagem.

Esposo e Esposa: Deste povo que é vosso não vos esqueçais, Senhor, estendeis vossa mão e o protegei, como a nós também.

Esposa: Sede, Senhor, nossa estrela a nos apontar que tudo é sagrado, pois tudo nasceu de vossas mãos. Amoleceis com vossa ternura o coração dos malvados que não vos respeitam nem amam a vida como vosso dom sagrado. Quando, Senhor, o mundo se tornará melhor?

Esposo e Esposa: De nossa parte, Senhor, tudo faremos para que sejais amado e para que a vida seja respeitada, e faremos o esforço necessário para que ninguém negue esse dom sagrado! Amém!

— **Pai nosso,** que estais no céu, santificado...
— **Ave, Maria,** cheia de graça, o Senhor é convosco...

— **Santo Anjo do Senhor,** meu zeloso guardador, já que a ti me confiou a piedade divina, sempre me rege, guarda, governa e ilumina. Amém!

BÊNÇÃO CONJUGAL

Esposo: *(coloca a mão sobre a cabeça da esposa e reza)* Minha esposa, que o Pai do céu abençoe você e a vida nova que esperamos. Que Ele ilumine seu coração, para que seja forte, amável e carregado de ternura e paz.

Esposa: *(coloca a mão sobre a cabeça do esposo e reza)* Meu esposo, que o Pai do céu o abençoe e lhe inspire a nobreza em suas atitudes, a decisão por meio do diálogo e o perdão pela misericórdia.

Esposo e Esposa: Que vossa bênção, Senhor, seja abundante sobre nossa família e sobre todos os que respeitam e amam a vida! Em nome do Pai, do Filho e do Espírito Santo! Amém!

Sempre é hora do amor

Gosto muito de ver essa imagem: a mãe que embala sua criança ao colo. Ali se dá apenas uma relação de amor. Vão-se embora todas as barreiras, preconceitos, ideologias vãs. A única verdade ali é o amor-doação, amor-entrega, amor-serviço. Pouco importa o lugar, pois não há lugar definido para amar, doar-se, servir. É sempre hora e vez de entregar-se. A imagem da mãe que embala sua criança é a mesma de Deus embalando cada um de nós. Deus conversa muito consigo mesmo sobre cada um de nós. Mas é sempre uma conversa geradora de amor. "E a Palavra se dirigia a Deus" (Jo 1,1b). O Pai fala com seu Filho sobre o que deseja da humanidade: amor! Esse amor bendito do Pai, que é Jesus e que nos realiza como homem ou como mulher, jovem ou criança. Que bom seria se deixássemos Deus tomar conta de nós como a mãe toma conta de sua criança.

SÉTIMO DIA
MISERICÓRDIA E FRAGILIDADE HUMANA

> *A pessoa humana é sempre um ser que se faz. Nunca está pronto, acabado. A vida é dinâmica e jamais paramos de crescer. No entanto, em meio a nossas grandes realizações, sabemos de nossa fragilidade. Mesmo com desejos sinceros, estamos sujeitos a alguns fracassos. Precisamos contar com a misericórdia divina sempre. É o que hoje pedimos.*

— Em nome do Pai, do Filho e do Espírito Santo.

Esposo: Senhor Deus, vossa misericórdia nos faz construir a vida como se fosse uma catedral, um templo. E de fato é, pois somos templos do Espírito Santo. Diante das muitas fragilidades que cercam nossa existência, muito nos anima viver sabendo que sois Misericórdia.

Esposa: Ó Deus, vossa misericórdia nos traz alento e paz. Assim como a mãe faz a criança pequena adormecer com suas cantigas leves e suaves, vós nos acalentais também com a melodia de vosso amor e de vossa misericórdia.

Esposo e Esposa: Ó Deus, vós olhais nossa vontade de amadurecer nesta vida e construí-

-la dia a dia; por isso perdoai-nos nossas fragilidades e nossas limitações.

Esposo: Contemplamos, Senhor nosso Deus, vosso amor sem-fim e vossa bondade que não conhece limites. Experimentamos, em muitos momentos de um mesmo dia, o quanto nos amparais e nos socorreis em nossas dificuldades. Só um Deus que ama assim está sempre perto de mim.

Esposa: Eu quero, Senhor, colocar-me inteira em vossas mãos. Que eu sirva a vós, quando à mesa sirvo minha família. Quando estiver lavando a roupa ou o chão de minha casa, lavai minha alma, Senhor, para que ela seja pura e santa diante de vós.

Esposo e Esposa: Que nossos sonhos e nossos desejos se realizem, Senhor, e dai-nos a graça de transmitir à criança que está chegando que vós sois Amor, Bondade, Misericórdia sem-fim! Amém!

Palavra de Deus
Evangelho de Lucas 6,36-38

Assim disse Jesus: "Sede misericordiosos como vosso Pai é misericordioso. Não julgueis, para não serdes julgados; não condeneis, para não serdes condenados; perdoai e vos será perdoado. Dai e vos será dado: será derramada em vosso colo uma boa medida, calcada, sacudida, transbordante; pois com a medida com que medirdes, sereis medidos também".

— Palavra da Salvação!
— **Glória a vós, Senhor!**

(O casal fica um instante em silêncio e contempla a Palavra de Deus. Pode também ficar abraçado, em silêncio, um contemplando o outro e meditando na Palavra do Senhor.)

Louvando o Deus da Vida

Esposo: Senhor, eu vos louvo pela vida e por todas as criaturas. Tudo o que existe a vós pertence. Tudo é vosso: nossa vida, nossos sonhos, a vida nova que está sendo gerada, as criaturas do céu e da terra. Por tudo o que existe, eu vos louvo e vos agradeço, Senhor.

Esposo e Esposa: Nós vos agradecemos, Senhor, nossa vida de marido e mulher, nossa vida de família e tudo o que até agora construímos juntos. Fostes vós quem nos apoiastes com vosso amor.

Esposa: Deus de amor, vós sempre escutastes os pobres e os pequenos, os humildes e os simples, e os tornastes fortes como a rocha, pois foram vosso amor e vossa misericórdia que os guiaram. Guiai-me também, Senhor, em vossos caminhos.

Esposo e Esposa: Nós vos louvamos, Senhor, porque sempre nos amparais nas horas mais difíceis e nos ajudais a recobrar nossas forças. Bendito sejais, Senhor, nosso Deus.

Esposo: Ó Deus, eu vos bendigo pela paz, pelo amor e pela bondade, por aqueles que tudo fazem para que haja vida em nossa vida. Louvo a vós pela vida de nossa criança que irá nascer.

Esposo e Esposa: Nós vos louvamos, Senhor, de todo o nosso coração e com toda a força que temos dentro de nós e que veio de vós. Bendito sejais, Senhor nosso Deus.

Esposa: Que minha família ande sempre em vossos caminhos, ó Senhor. Que nossa boca profira palavras que constroem, e a lealdade jamais se separe de nós. Que minha vida esteja sempre pronta a demonstrar vossa ternura para conosco.

Esposo e Esposa: Seja nossa união nosso louvor a vós, seja nosso diálogo nosso esforço de conviver em paz, de acordo com vosso sonho e vosso desejo sobre nós! Amém!

— **Pai nosso,** que estais no céu, santificado...

— **Ave, Maria,** cheia de graça, o Senhor é convosco...

— **Santo Anjo do Senhor,** meu zeloso guardador, já que a ti me confiou a piedade divina, sempre me rege, guarda, governa e ilumina. Amém!

Bênção conjugal

Esposo: *(coloca a mão sobre a cabeça da esposa e reza)* Minha esposa, o Deus que exalta os humildes e socorre os necessitados venha em seu auxílio e lhe ajude em suas necessidades, hoje e sempre.

Esposa: *(coloca a mão sobre a cabeça do esposo e reza)* Meu esposo, o Deus que é misericórdia perdoe suas faltas e lhe faça uma pessoa sempre amável e misericordiosa, Ele que nunca se esquece de você.

Esposo e Esposa: Venha a nós, Senhor, vossa bênção e sobre nossa criança, para que ela venha em paz, feliz e cheia de vida! Em nome do Pai, do Filho e do Espírito Santo! Amém!

Se o recado fosse esse...

O homem chegou a Marte. Suponhamos que lá existam seres criados por Deus. E nesse encontro de terrestres e "marcianos" o que lhes poderíamos dizer? Que na terra há paz. Que os terráqueos vivem na humildade, na esperança. Que nós temos muito amor uns para com os outros. Que amamos a Deus com todo o ardor. Que não há separações, divisões ou guerras. Que podemos desenvolver sem medo nossa inteligência a ponto de visitá-los, porque reina tão grande paz na terra que nos permitimos visitá-los. Que a injustiça foi banida. Que a violência destruiu-se a si mesma e não existe mais. Que há só sorriso nos lábios das pessoas. Que as crianças brincam alegres e felizes nas casas, nos jardins. As flores enfeitam nossas ruas e praças. As pessoas admiram a beleza do céu, da terra, do mar. Que os idosos estão felizes e são amados e respeitados. Os trabalhadores voltam cantando para casa e encontram a família feliz... Que bom seria se esse fosse o sonho realizado e não estivesse eu sonhando. Mas quero continuar sonhando. Você quer sonhar também?

OITAVO DIA

VIDA: DOM DE DEUS

> *Nunca é demais recordar que a vida é dom de Deus. Em nome da liberdade, muitas vidas são ameaçadas e agredidas em nosso mundo, e, ainda mais, elas não têm o direito de se defender. Os humanos, que muitas vezes se gabam de seu desenvolvimento, regridem em suas atitudes, negando ao outro o direito de viver. Por isso, é de Deus quem ama e defende a vida. Não é de Deus quem não ama nem defende a vida.*

— Em nome do Pai, do Filho e do Espírito Santo.

Esposo: Pai nosso, eu vos bendigo pela vida e por tudo o que me mostrais em vosso amor. Em vosso Jesus, vós me ensinais o jeito certo de viver, de respeitar as pessoas e a vida como vosso grande presente para todos e para cada um de nós. Eu vos louvo, Senhor, pela vida.

Esposa: Pai santo, eu também, como vossa filha, quero louvar-vos e bendizer vosso santo nome. Louvar-vos pela vida que carrego em meu seio com muita alegria. Vós sois nosso Deus, sois nossa vida e nossa paz. Todo o meu ser vos louva, Senhor.

Esposo e Esposa: Ó, como é grande vosso amor, sem-fim vossa bondade, Senhor nosso Deus, que repartis conosco a vida. Só vós nos podeis dar a vida em abundância.

Esposo: Senhor Deus, a vida é a grande pérola preciosa, tesouro insondável de vosso amor, que tudo faz brilhar, como irradia paz um espírito carregado de vossa luz. Quero sempre vossa luz a me iluminar e a me inspirar o jeito certo de ser e de viver.

Esposa: Meu Deus e meu Pai, na calma deste momento em que eu rezo, quero que a criança que está dentro de mim também reze o dom da vida que vós nela colocastes. E assim, juntos, nós vos agradecemos o dom da vida: Obrigado, Senhor nosso Deus.

Esposo e Esposa: Que ao brilhar vossa luz sobre nós, Senhor, também irradiemos com nossos gestos e atitudes vosso infinito amor! Amém!

Palavra de Deus

Evangelho de Mateus 6,25-26

Assim disse Jesus: "Não vos preocupeis com vossa vida, quanto ao que haveis de comer, nem com vosso corpo, quanto ao que haveis de vestir. Não é a vida mais do que o alimento e o corpo mais do que a roupa? Olhai as aves do céu: não semeiam, nem colhem, nem ajuntam em celeiros. E, no entanto, vosso Pai celeste as alimenta. Ora, não valeis vós mais do que elas?

— Palavra da Salvação!
— **Glória a vós, Senhor!**

(O casal fica um instante em silêncio e contempla a Palavra de Deus. Pode também ficar abraçado, em silêncio, um contemplando o outro e meditando na Palavra do Senhor.)

Louvando o Deus da Vida

Esposo: Meu Deus, assim como os homens que têm coração vos louvam agradecidos, eu também vos quero bendizer neste momento, pois sei que vós estais sempre nos ofertando vosso amor e vossa bondade. Ainda mais, vós nos conservais no dom da vida que nos destes.

Esposo e Esposa: Senhor, vós nos conservais em vosso amor. Ajudai-nos a sempre cor-

responder convosco, conservando um relacionamento sincero um com o outro.

Esposa: Que todas as mulheres da Terra vos louvem, Senhor nosso Deus, pelo dom da fecundidade e pela graça imensa da maternidade. Que saibamos ter amor para com aquelas que desejam e não podem ter filhos; misericórdia para com as que podem e não querem por comodidade, vaidade e egoísmo.

Esposo e Esposa: Que vossa misericórdia, Senhor, estenda-se sobre toda a humanidade e que ela viva com esperança, sabendo que vós a amais.

Esposo: Ó Deus, somos felizes porque nos escolheis em vosso dom de amor e nos fizestes viver. Quero amar e respeitar toda vida e dom que vêm de vós, e assim estar sempre junto de vós, servindo-vos de todo o coração.

Esposo e Esposa: Ajudai-nos, Senhor Deus, a viver sempre mais unidos e a estar sempre junto de vós.

Esposa: Como posso ainda vos louvar, Senhor? Somente colocando minha vida inteira em vossas mãos divinas e a vida desta criança que me destes, pois tudo o que nos faz viver vem de vós, e nada existe fora de vós. Nós vos amamos, Senhor nosso Deus.

Esposo e Esposa: Que nosso coração de esposo e esposa seja sempre agradecido a vós, como também o da criança que vai chegar, e que já a amamos, Senhor nosso Deus! Amém!

— **Pai nosso,** que estais no céu, santificado...

— **Ave, Maria,** cheia de graça, o Senhor é convosco...

— **Santo Anjo do Senhor,** meu zeloso guardador, já que a ti me confiou a piedade divina, sempre me rege, guarda, governa e ilumina. Amém!

BÊNÇÃO CONJUGAL

Esposo: *(coloca a mão sobre a cabeça da esposa e reza)* Minha esposa, o Deus da vida que a ama a conserve em seu amor infinito e a proteja cada vez mais nesta gravidez.

Esposa: *(coloca a mão sobre a cabeça do esposo e reza)* Meu esposo, o Deus da vida que o ama o conserve em sua bondade e o faça muito feliz junto a mim e a nossa criança que está chegando.

Esposo e Esposa: Venha a nós, Senhor, vossa bênção bendita, que nos traz felicidade e nos faz viver com esperança e alegria! Em nome do Pai, do Filho e do Espírito Santo! Amém!

Louvação da Inteligência humana

Deus seja louvado pela inteligência humana. Há um tempo, o robô americano pousava em Marte. Até a hora de seu pouso foi calculada com exatidão, era por volta das 14 horas. São quinhentos milhões de quilômetros da Terra. Ele está lá emitindo para a Terra seus sinais e fotos do planeta. A inteligência humana rompe horizontes infinitos. É capaz de muitas proezas. Não nos espantemos se daqui a alguns anos houver moradores por lá. Estão à procura de sinais de vida. É sempre a vida que tudo motiva. A vida ao mesmo tempo mistério e amor do Pai para conosco. Inteligência humana, bendita, criada e dada a nós pelo Pai. Louvado seja o Pai que nos deu essa grandeza. Que saibamos usá-la para o bem, para a justiça e para a paz. Bendita a inteligência humana, capaz de romper os horizontes. Bendita seja a pessoa humana portadora dessa dádiva de Deus. Que essa inteligência bendita traga benefícios para a vida na Terra. Bendita a inteligência de seu coração, que não vai ao espaço, mas irradia amor e sentimentos bons.

NONO DIA
BEM-VINDO(A) À VIDA!

> *Quando somos recebidos com amor, sentimo-nos muito felizes. Quanto mais acolhedores formos uns dos outros, mais ainda sentiremos o quanto Deus nos acolhe em seu amor, em sua misericórdia. Não há violento que não se acalme, nem bruto que não chore, diante do acolhimento cheio de amor e ternura. Aguardar com amor a nova vida é dar graças a Deus, que tudo faz por nós.*

— Em nome do Pai, do Filho e do Espírito Santo.

Esposo: Ó querido Deus, assim como nos chamastes à vida e nos destes a missão de cuidar da nova vida que virá, nós vos agradecemos e acolhemos esta criança nova.

Esposa: Sim, querido Deus, uma imensa alegria toma conta de mim, pela graça que me destes e também porque sei que esta nova vida é querida por vós, pois, sem vosso desejo, nada vem ao mundo. Só vós sois a vida sem-fim.

Esposo e Esposa: Ó querido Deus, nós vos agradecemos e vos bendizemos, porque nos fizestes criaturas vossas.

Esposo: Meu Deus, meu coração transborda de alegria, pois sinto muito de perto vosso amor. Cheio de limitação e de tantas fraquezas, bendigo-vos porque me destes a coragem de vos dizer, sem medo algum, que vos amo e que também amo a vida de nossa criança.

Esposa: Eu quero, ó Deus, hoje e sempre me lembrar, e espero jamais me esquecer de vos louvar com toda a força de minha vida. Sei que vou precisar sempre de vossa presença, e como não falhais de vossa parte, eu quero fazer todo o esforço para amar e educar a criança que espero nascer.

Esposo e Esposa: Contamos, Senhor, com vossa presença em nossas vidas e queremos que tomeis parte de nossa família. Sede um conosco, Senhor. Junto de vós a vida é abundante e sem-fim! Amém!

Palavra de Deus

Evangelho de João 10,10.14-15

Assim disse Jesus: O ladrão vem só para roubar, matar e destruir. Eu vim para que tenham a vida e a tenham em abundância. Eu sou o bom pastor; conheço minhas ovelhas e elas me conhecem, como o Pai me conhece e eu conheço o Pai. Eu dou a vida por minhas ovelhas.

— Palavra da Salvação!
— **Glória a vós, Senhor!**

(O casal fica um instante em silêncio e contempla a Palavra de Deus. Pode também ficar abraçado, em silêncio, um contemplando o outro e meditando na Palavra do Senhor.)

Louvando o Deus da Vida

Esposo: Bendito seja o Senhor, por seu imenso amor e sua infinita misericórdia.

Esposo e Esposa: Bendito seja Deus, hoje e sempre.

Esposa: Bendito seja o Senhor pela vida e por todas as coisas que Ele criou.

Esposo e Esposa: Bendito seja o Senhor, que nos chamou em seu amor.

Esposo: Bendito seja o Senhor, porque me deu a missão de pai e de esposo.

Esposo e Esposa: Glória e louvor, milhões e milhões de vezes ao Deus que tanto nos amou.

Esposa: Bendito seja o Senhor, porque me fez sua filha e me deu a missão de mãe e de esposa.

Esposo e Esposa: Nós vos bendizemos, Senhor, porque nos escolhestes antes de todos os tempos para vossos filhos e nos amais desde toda a eternidade. Nós vos agradecemos a vida da criança que vai chegar e que é sinal de vosso amor manifestado a nós! Amém!

— **Pai nosso,** que estais no céu, santificado...

— **Ave, Maria,** cheia de graça, o Senhor é convosco...

— **Santo Anjo do Senhor,** meu zeloso guardador, já que a ti me confiou a piedade divina, sempre me rege, guarda, governa e ilumina. Amém!

Consagrando-se a Nossa Senhora

Esposo: Ó Maria, Mãe de Jesus, neste dia vos consagramos nossa família, nossa esperança e nosso desejo de ser uma família santa, que mesmo nas dificuldades busca o caminho da misericórdia, do diálogo, do encontro e do perdão.

Esposa: Mãe, é tão singelo o presépio onde colocastes Jesus. Quero também colocar a criança que espero bem no coração divino do Pai do céu, para que cumpra em sua vida a vontade de Deus.

Esposo e Esposa: No sim de Deus, o mundo foi criado. No sim de Maria, o Filho de Deus nasceu entre nós. Em nosso sim, o Pai continua seu amor para conosco.

Esposo: Em nossa casa, nós queremos que vós, ó Maria, façais morada conosco, porque onde vós estais, está também Jesus. E assim, convosco, nós seremos mais felizes e viveremos em paz.

Esposa: Maria, todo nascimento é festa de amor, como foi o Natal de Jesus. A festa do amor, Maria, é paz sem-fim, e esta paz ninguém pode tirar de mim, de minha família. É a paz que eu quero para nós.

Esposo e Esposa: Ó Mãe bendita do Redentor, nós vos entregamos tudo o que somos: nossas fraquezas e grandezas, nossos sonhos e desejos, e a imensa vontade de amar sempre e mais a Deus. Nós entregamos em vossas mãos maternas a criança que esperamos nascer. Tomai conta, Senhora, desta nova vida, para que ela tenha um grande coração para amar, para perdoar, para doar-se e servir. Nós nos entregamos em vossas mãos, ó Mãe do céu, e esperamos alcançar esta graça que vos pedimos nesta novena. Amém!

Bênção conjugal

Esposo: *(coloca a mão sobre a cabeça da esposa e reza)* Minha esposa, quero dedicar a você todo o meu amor e respeito e ajudá-la a vencer os incômodos deste momento de sua gravidez. O Deus da vida abençoe seu coração materno e a vida desta nossa criança.

Esposa: *(coloca a mão sobre a cabeça do esposo e reza)* Meu esposo, quero depositar em você toda a minha confiança e repartir consigo minha vida, que não é só minha, pois já lhe pertence também. O Deus da vida abençoe você e todo o seu esforço em ser bom pai e bom esposo.

Esposo e Esposa: Senhor, derramai sobre nós a alegria de viver e a paz que de vós esperamos sempre. Amparai-nos e inspirai-nos nas decisões que sempre temos de tomar; ajudai-nos a cumprir em nossas vidas o que de nós vós esperais! Em nome do Pai, do Filho e do Espírito Santo! Amém!

O menino e o real

O menino perguntou a seu pai quantos reais ganhava por hora de trabalho. "Ganho três reais por hora. Por quê?" E aí o menino pediu um real para seu pai, sem lhe dizer o motivo. Então o pai o chamou de explorador, aproveitador. Foram os dois dormir. Mas o pai ficou pensando no que fizera e sentiu o peso na consciência. Foi ao quarto do menino: "Filho, você está dormindo? Aqui está o dinheiro que você me pediu". O menino se levantou, abriu uma caixinha, pegou mais dois reais e disse a seu pai: "Papai, tenho agora três reais. Será que o senhor pode me vender uma hora do seu tempo?" Somente as coisas materiais não são suficientes para fazer a vida acontecer. Somente o bem-estar não traz alegria. Os pais precisam colocar limites para seus filhos. Isso é educar. Não pode, porém, haver limites no carinho, na ternura, no amor, no tempo para com os filhos. Gastar todo o tempo para ganhar o sustento dos filhos e acabar perdendo todo o tempo. Deus que é Pai tem todo o tempo para seus filhos.

ORAÇÕES

Oração do pai

Senhor, que vosso Espírito Santo me conduza em minha vida e em minha missão. Que meu coração se abra à amplidão de vosso amor e de vossa bondade e me faça viver dignamente como filho de Deus. Quero que vossa luz também me inspire em minha missão de pai, e eu saiba cumprir com dignidade e nobreza tudo o que vós esperais de mim.

Abri meu coração à grandeza de vosso amor, e que eu saiba sempre cantar a beleza de vossa criação, principalmente na vida das pessoas, de minha esposa e de meus filhos.

Iluminai-me, Espírito de Deus, para que eu saiba conduzir minhas decisões em cada dia, em meu trabalho e em minha família, para que assim tudo me conduza em vossos caminhos e me faça viver em paz e na alegria de servir minha família e viver bem junto dela. Amém.

Oração da Mãe

Meu Deus, meu Pai! Vós sois a ternura eterna bem junto a mim. Guardai-me sempre, eu vos suplico, em todos os momentos de minha vida, pois tudo desejo que seja vosso: minhas preocupações, meus trabalhos, o cuidado com meus afazeres e com meus filhos.

Guardai-me, ó Pai, na firme esperança de todos os dias cumprir a missão que me confiastes. Que as preocupações inúteis e vãos desejos jamais tomem conta de meu coração. Nas horas de dúvidas e outras dificuldades, sejais meu amparo e a mão estendida que me acolhe.

Que eu nunca tenha medo de me dirigir a vós, com toda a força de minha alma.

Eu sei, Senhor, que é tão bom viver, e sei que viver é estar unida a vós, é caminhar em vossa direção.

Obrigada, por seres tão Pai, tão próximo, tão amor. Que eu possa sempre me sentir como vossa verdadeira filha.

Maria Santíssima, vós que fostes Mãe, Mulher e Esposa, amparai-me sempre. Amém!

Desejar uma criança
(Casal reza junto)

Ó Deus Pai, que enviastes a este mundo vosso Filho Unigênito, nós vos pedimos que vos sirvais de nós para criar uma nova vida. Vós somente sois Pai: toda paternidade vem de vós. Tornai-nos participantes também desta divina prerrogativa, de tal modo que possamos ver na criança que nos enviardes um sinal bem concreto de vossa presença paterna em nossa casa. Desejamos difundir vosso amor sobre a Terra. Abençoai nosso amor para que seja fecundo, e amanhã se ouça uma outra voz, junto com a nossa, para vos louvar; um outro coração para vos amar; uma outra vida que dê testemunho de vós. Amém!

(Missão de Milão - 1957)

Esperando um filho
(Casal reza junto)

Ó Senhor, com quanta alegria percebemos que uma nova vida brilhou entre nós. Nós vos agradecemos este presente maravilhoso com o qual nos fizestes participantes de vossa divina paternidade. Vós sabeis como é cheia de ansiedade a espera de uma criança. Nós vos suplicamos: vigiai e protegei esta pequena e delicada vida, este corpo e esta alma ainda cheios de mistérios, a fim de que chegue sadia à luz do mundo e ao renascimento do Batismo.

Ó Mãe de Deus, confiamos esta criança a vosso coração de Mãe. Assim seja!

(Missão de Milão – 1957)

Pela criança que nasceu

Senhor Jesus, que um dia quisestes ser criança, olhai por este(a) nosso(a) filho(a), fruto de nosso amor, fonte de nossa alegria, esperança de nossa vida. Vós, que andando pela terra deixastes os pequeninos virem a vós, dando-lhes a bênção, abençoai também nosso(a) filho(a) e não permitais que sua inocência seja profanada pelo mal.

Fazei que a vosso exemplo cresça em idade, sabedoria e graça.

Fazei-nos mais próximos de sua inocência. Fazei que em seus olhos possamos ver vosso rosto, encontrar nele novamente nossa infância com todas as suas promessas.

Que nosso(a) filhinho(a) nos ensine a sermos também nós crianças, para podermos entrar no reino dos céus. Amém!

(Missão de Milão – 1957)

Oração da Criança

Jesus, eu gosto do Senhor. Muito obrigado pela vida que o Senhor me deu!

Muito obrigado por papai e mamãe e por todas as pessoas que o Senhor colocou bem perto de mim.

Jesus, eu estou crescendo não só por fora, para ter um corpo bonito e forte, mas ajude-me a crescer também por dentro, para ter um coração cheio de bondade.

Jesus, ajude-me a ser feliz, ajude-me a não ter medo de ser sincero. Quero crescer com alegria e fazer muita gente feliz, porque eu existo.

Jesus, eu gosto do Senhor, de todo o coração, e vou gostar de todo o mundo, como o Senhor gosta de mim. Amém!

(Manual do Devoto, Ed. Santuário, p. 196)

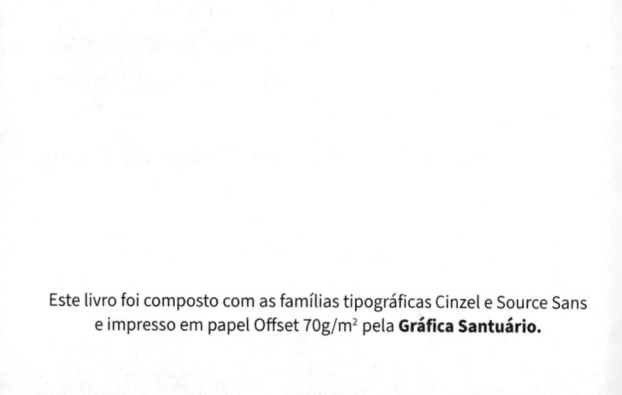

Este livro foi composto com as famílias tipográficas Cinzel e Source Sans
e impresso em papel Offset 70g/m² pela **Gráfica Santuário.**